3,—

Galot SJ
Zum Herzen Jesu

W0222446

J. Galot SJ

Zum Herzen Jesu

Gebete

Johannes-Verlag Leutesdorf

Neunte Auflage 1986

Copyright by Johannes-Verlag Leutesdorf, Germany
Mit kirchlicher Druckerlaubnis
Nach dem französischen Original: ,,Prière au Sacré-Coeur"
übersetzt von Maria-Petra Desaing OSU, Ahrweiler,
Calvarienberg

Gesamtherstellung: Druckerei des Johannesbundes e.V.
D-5458 Leutesdorf am Rhein

ISBN 3-7794-0576-8

Zu beziehen durch die *KSM*
Katholische Schriften-Mission, D-5458 Leutesdorf

I. Ewiges Herz

Geöffnetes Herz Jesu

Herr,
sei du das Ziel meiner Wanderschaft auf Erden.

Laß mich dir anhangen mit der ganzen Kraft meines Verlangens.

Laß mich eindringen in deine Tiefe.

Laß mich atmen durch dich und leben von dem Hauch deiner Liebe.

Laß mich arbeiten für dich,
ohne Mühe und Müdigkeit zu scheuen.

Laß mich ruhen in dir, friedvoll,
in nie endender Vertrautheit.

Laß mich durch dich deine göttliche Güte und apostolische Glut ausstrahlen.

Laß mich für immer in dir bleiben,
ganz gefestigt in deiner Liebe.

Offenbarung der Liebe

Herr,
du bist in die Welt gekommen, um uns Gottes Liebe zu offenbaren. Hilf uns, diese Liebe im Evangelium zu entdecken; sie hat dein ganzes Verhalten geleitet.

Enthülle uns den tiefen Sinn deiner Worte und Handlungen, und laß uns die Liebe erfassen, die aus dir den „guten Meister" und den „guten Hirten" machte.

Erschließe uns das Geheimnis deiner Persönlichkeit. Führe uns ein in dein Herz, in das verborgene Heiligtum deiner Seele, die wie ein nie erlöschender Glutherd der Liebe brennt.

Wenn wir im Evangelium die unerschöpfliche Liebe entdeckt haben, die aus deinem ganzen Wesen und Leben strahlt, dann laß uns auch in unserem Leben diese deine Liebe entdecken; denn sie gibt sich uns immer wieder durch deine Nähe und dein Wohltun.

Möchten wir im Lichte des Heiligen Geistes fester an deine Liebe glauben. Sie erklärt alles in deinem und in unserem Leben.

Laß uns dir angehören und ganz deiner Liebe vertrauen.

Mitte unseres Lebens

Herr,
deine Liebe übersteigt alles menschliche Erkennen. Gib uns Verständnis für dein göttliches Herz.

Immer wieder sind wir versucht, an deiner göttlichen Liebe zu zweifeln. Schaffe unsere Augen neu, damit sie das scheinbar Unglaubliche schauen.

Unser Blick haftet an den irdischen, sichtbaren Dingen der Welt. Laß einen Strahl aus deinem Herzen auf das Weltall fallen, damit wir den letzten Sinn der Schöpfung verstehen und das Geheimnis aller Dinge, die deine Liebe in sich einen will.

Wir entdecken in der Menschheit und ihrer Geschichte so viele Verirrungen, die uns mutlos machen. Zeige uns, wie deine Liebe alles zum Guten wendet, wie sie menschliche Anlagen wandelt, wie sie im Sinne deines Herzens den Gang der Ereignisse übernatürlich lenkt, und wecke so in uns neue Zuversicht.

Wir erfahren die Macht des Bösen. Laß uns auch erfahren, daß die Macht deiner Liebe größer, dein Herz die Mitte unseres Lebens und der Welt ist und der Sieg der Liebe immer weiter fortschreitet.

Rückhaltlose Hingabe

Herr,
du hast dich in grenzenloser Liebe für uns hingegeben. Darum wollen wir uns dir weihen, uns dir öffnen und uns rückhaltlos deinem Herzen überlassen.

Diese Weihe soll unwiderruflich sein. Du sollst uns ganz in Besitz nehmen für alles, was deine Liebe verlangt.

Unser ganzes Wesen soll dir gehören. Wir bringen dir unser Denken, Wünschen und Handeln dar, damit du alles den Gedanken, Wünschen und Entscheidungen deines Herzens gleichförmig machen kannst.

Wir überlassen dir unser vergangenes,
gegenwärtiges und zukünftiges Leben.

Alles soll dein Eigentum sein,
jeder Augenblick unseres Lebens
dir zur Verfügung stehen.

Aus eigener Kraft könnten wir uns dir nicht ganz und endgültig weihen. Aber wir erwarten von deiner Liebe, daß du uns hinnimmst und uns für immer in deiner Treue bewahrst.

Möge die Weihe, weil du selbst sie vollziehst, uns mit der grenzenloen Hochherzigkeit deiner Liebe erfüllen.

Nimm mich!

Herz meines Herrn,
nimm mich mit allem, was ich bin;
nimm, was ich habe und tue,
alles, was ich denke, mein ganzes Leben.

Nimm meinen Geist, damit er dir gehöre,
mein Wollen, damit es dich, nur dich will;
nimm den Grund meines Herzens,
damit es dich allein liebe.

Herz meines Herrn,
nimm meine geheimsten Wünsche,
damit du mein Verlangen,
mein einziges Ziel,
meine uneingeschränkte Liebe und
mein vollkommenes Glück bist.

Nimm mich durch deine Güte,
die mich anzieht,
nimm mich durch deine Milde,
die mich aufnimmt,
nimm mich durch deine Liebe,
die mich mit dir vereint.

Herz Christi, nimm mich hinein
in deine Trauer und Freude,
in dein Leben und deinen Tod,
in die Nacht deines Kreuzes
und in den Tag deiner Auferstehung,
der nie untergeht.

Nimm mich durch deine Macht,
die mich erhebt,
nimm mich durch deine Glut,
die mich für dich entflammt,
nimm mich durch deine Erhabenheit,
die mich ganz aufgehen läßt in dir.

Herz Christi,
nimm mich als deinen Diener und Sklaven,
aber auch als deinen unwürdigen Freund.

Nimm meine ganze Ergebenheit, die nie versagen möchte und keinen Dank erwartet.

Nimm mich für die Arbeit
an deiner Sendung,

als Opfer für das Heil der Menschen
im Dienste derer, die dein sind!

Herz Christi, nimm mich so,
daß mir nichts bleibt,
nimm auch, was mir nicht gelungen ist,
dir zu geben;
gib nie zurück,
was du einmal genommen hast!

Nimm für ewig alles, was in mir ist,
damit ich eines Tages dein Herz besitzen,
umarmen und behalten kann!

Frohe Nachfolge

Herr,
lege deine Last auf unsere Schultern, denn sie ist leicht. Was du lehrst, ist durchstrahlt von deiner Güte; möge es uns durchdringen.

Laß uns deine Bürde tragen; sie ist nicht schwer. Deine Gebote sollen uns nicht bedrücken, sondern unser Leben lenken nach deinem Wohlgefallen.

Laß uns dein Gesetz erfüllen; denn es erhebt und befreit uns. Wir wollen nie klagen, daß dein Wort und dein Wille uns einengen; denn deine Fesseln sind Fesseln der Liebe.

Laß uns dein Kreuz auf uns nehmen; denn du trägst es mit uns auf deinen Schultern.

Präge uns tief ein, was du geliebt hast. Kein Preis soll uns zu hoch sein, denn in dir wird jede Mühe Seligkeit und alle Müdigkeit Ruhe.

Ermunterndes Beispiel

Herr,
in deinem Herzen leuchtet uns alles auf, was du lehrst, in ihm findet es seinen Sinn.

Du bist in die Welt gekommen, um durch deine menschlich heldenhafte Liebe den Menschen zu beweisen, wie sehr Gott sie liebt. Diese Wahrheit allein macht dein Verhalten verständlich.

Du bist aber auch gekommen, um uns zu lehren, Gott und die Mitmenschen zu lieben. Du hast gesagt, daß alle Gebote in der Liebe zu Gott und dem Nächsten zusammengefaßt sind. Dein Leben hat uns diese Grundwahrheit bewiesen, denn es verlor sich in der Liebe zum Vater und zu den Menschen: Es war ein in Liebe und Hingabe sich verzehrendes Opfer.

Dein Inneres läßt uns klar Gottes Liebe zu uns erkennen. Du liebtest den Vater und die Menschen mit großer Innigkeit. Hilf uns diese Liebe begreifen und ihre mitreißende Kraft erfahren.

Dein Herz lehre uns, Liebe zu empfangen und zu erwidern. Es lehre uns auch, die göttliche Liebe als höchste Gabe und wichtigste Wahrheit aufzunehmen, uns ihr zu öffnen und die Gewißheit zu bewahren, von Gott geliebt zu werden in allen Lebenslagen.

Vollkommene Freundschaft

Herr,
ganz demütig und unaufdringlich bist du zu mir gekommen, um mir die immerwährende Freundschaft deines Herzens anzubieten.

Du hast dich herabgelassen, um mich zu dir zu erheben; du wolltest Nähe und Vertrautheit.

Wortlos ist die ganze Wärme deiner Liebe in mein Inneres gedrungen. Nun bleibst du dort als der immer nahe Freund, der ganz da ist für mich und mein innerstes Verlangen erfüllt.

Wenn du dich gibst, gibst du alles, weil die ganze Schöpfung dir gehört. Allen, die dich mit Vertrauen empfangen, teilst du alles mit, was du hast. Über alles erhaben jedoch ist die Gabe deines Herzens!

Unsere Freundschaft soll vollkommen sein; darum teilst du mit mir deine Leiden und deine Freuden, deine Erwartungen, deine Pläne und dein ganzes Leben.

Du bietest mir an, an deinem Erlösungswerk teilzunehmen; denn du willst, daß unsere Freundschaft fruchtbar sei: für mich selbst, aber auch für die Mitmenschen.

Nie hätte ich geglaubt, daß Gott mein Freund sein könnte. Aber du bist mein Freund: Der Schöpfer ist der Freund seines Geschöpfes, der Heilige der Freund eines Sünders, eines schwachen, wandelbaren Menschen.

Du bist der ideale Freund, dessen Freundschaft nie versagt, der sich nie verweigert in nie endender Treue.

Gib, daß ich solch edler Freundschaft würdig entspreche und dein Vertrauen nie enttäusche!

II. Strahlende Mitte

Vertraute Nähe

Herr,
du hast uns dein Herz hingegeben, damit wir in dir Ruhe suchen und in dir unsere Kraft erneuern.

Du erwartest nicht, daß wir dir viel sagen; du möchtest vor allem, daß wir uns deiner Nähe bewußt werden und selbst ganz nahe bei dir bleiben. Mach, daß wir uns immer mehr nach dieser Nähe sehnen, in ihr bereichert werden und unsere Vertrautheit mit dir immer mehr wachse! Durchdringe uns ganz mit deiner Liebe!

Leite uns an zu einem Leben der Beschauung durch das innige Verlangen nach deiner Nähe. Mach aus unserem Beten schweigende Ganzhingabe!

Bewahre uns davor, die Augenblicke der betenden Vertrautheit mit dir abzukürzen! Laß sie uns vielmehr ausfüllen aus Liebe zu dir!

Laß nicht zu, daß innere Unlust unseren Eifer auslöscht. Wir wollen ausharren in deiner Nähe und aus unserer Ohmacht, dich nicht mehr lieben zu können, ein Opfer für dich machen.

Herr Jesus, nimm uns in deine betende Stille hinein, wenn die Sorgen des Lebens unser Gemüt erregen!

Guter Hirt.

Herr,
du kennst die Schafe und rufst jedes bei seinem Namen.

Ich bin glücklich, weil du mich ganz persönlich kennst, nicht nur mit der dir eigenen durchdringenden Erkenntnis, sondern auch durch dein teilnehmendes, verstehendes Herz.

Es gibt keinen schärferen Blick als den deinen, aber es ist deine Liebe, die ihn schärft.

Es ist deine Liebe, die den Grund meines Wesens durchdringt. Du verstehst mein inneres Elend und meine Fehler, die erschreckende Leere in mir, die lieben möchte und es nicht kann. Trotz aller Mängel schaust du mich weiter an mit den Augen des guten Hirten.

Welch ein Trost, richtig erkannt und ganz

verstanden zu werden von dir, der du mich liebst!

Du bleibst dabei, mir zu vertrauen, du rufst mich bei meinem Namen, damit ich dir folge.

Unentbehrliche Hilfe

Herr,
wir hungern nach deiner Liebe!

Ich sehne mich danach, geliebt zu werden, von **dir** geliebt zu werden. Jede andere Liebe ist trügerisch, weil sie nicht auf der deinen gründet. Deine Liebe gibt meinem Dasein Halt. Sie erfüllt meine Einsamkeit, ist Zuflucht in meiner Ratlosigkeit, die Glut, an der meine Liebe sich immer neu entzündet.

Deine Liebe zu mir verwandelt das Weltall und verklärt alle Dinge. In deiner Liebe bekommt mein Leben Sinn, ich kann der Zukunft voll Vertrauen entgegensehen.

Ich bin nicht imstande, mein Geschick zu lenken oder zu bestimmen. Wenn aber du, der du mich liebst, es in deinen Händen hältst, kann ich blindlings dem Weg folgen, den du vorgezeichnet hast.

Ich möchte so sehr von dir geliebt werden,

daß mein ganzes Wesen sich in dieser Sehnsucht ausdrückt. Ich bin für dich geschaffen, und ich brauche es, daß du mich ganz hinnimmst.

Ich weiß wohl, daß du mich liebst, und ich glaube es. Aber ich bitte dich, hilf meinem schwachen Glauben, überzeuge mich. Gib, daß mein Denken und Tun ein einziger Akt des Vertrauens in deine unaussprechliche Liebe wird. Nimm mein Verlangen auf. Du liebst mich. Möge diese Wahrheit mir genügen und mich immer glücklicher machen.

Herz meines Herrn, vertiefe in meinem Herzen das Verlangen nach dir und gib mir die Gewißheit, daß du es erfüllen wirst.

Allmächtige Liebe

Herr,
du kannst alles, und deine Güte möchte alles für uns tun. Wecke in uns so großes Vertrauen und solchen Glauben, daß du an uns Wunder wirken kannst.

Nichts liebst du mehr als dieses Vertrauen, weil es am besten die Liebe ausdrückt, die wir dir schulden, und du würdest es großmütig belohnen. Unser Vertrauen wird sicher erhört, denn du handelst an uns nach dem Maße unseres Glaubens.

Allzu oft schon haben wir durch Mangel an Glauben deine Liebe gehindert, uns zu beschenken. Von nun an wollen wir fest davon überzeugt sein, daß nach deinem Wort „dem, der glaubt, alles möglich ist". Wir wollen dir um so kühner vertrauen, je mehr Schwächen und Fehler wir in uns entdecken.

Wir wollen an die Macht deiner Gnade glauben, die bereit ist, uns alles zu gewähren, die imstande ist, uns in jedem Augenblick zu retten, aufzurichten und zu erneuern.

Alle Bedürfnisse unseres geistlichen Lebens und unsere apostolische Arbeit legen wir vertrauensvoll in deine Hände. Wir glauben mit aller Kraft an dich und sind sicher, daß du große Dinge in uns wirken willst; Wunder, wie du sie in deinem Leben gewirkt hast, willst du in unserem Herzen wiederholen.

Herr, möge uns geschehen nach unserem Glauben!

Nie versagende Treue

Herr,
deine Liebe hält alles, was sie verspricht. Du hast dein Herz ein für allemal den Menschen hingegeben; niemals mehr entziehst du ihnen deine Liebe oder deine Gnade.

Auch unsere Untreue hindert dich nicht, treu zu sein. Die absolute Treue deines Herzens gibt uns Gewähr für die Zukunft und bleibt der einzige Grund unserer Hoffnung.

Hilf uns, deine nie versagende Treue klarer zu erkennen und unerschütterlich zu hoffen! Du wirst uns in keinem Augenblick unseres Lebens verlassen, sondern uns deine Gnade überfließend geben; davon wollen wir fest überzeugt sein.

In der Stunde unseres Todes erinnere uns an die Treue deines Herzens. Sie wird uns voll Güte in das ewige Glück führen, das deine Liebe uns im Verborgenen bereitet hat.

Von dir haben wir keine Enttäuschung zu fürchten; du hast für uns nur Überraschungen und Aufmerksamkeiten einer Liebe, die alle Erwartungen übertrifft.

Möge in der göttlichen Treue deines Herzens die unerschütterliche Hoffnung unseres Herzens immer neu geboren werden!

Unerschöpfliche Liebe

Herr,
zeige uns dein Herz und laß uns in ihm unser Herz finden!

Du hast uns die Liebe, die dein Leben ausmachte, als Quelle unaussprechlicher Möglichkeiten der Liebe geschenkt. Du hast das Feuer deiner Liebe auch in uns entzündet und hörst nicht auf, liebende Menschenherzen zu schaffen.

Laß uns im Licht deiner Liebe erkennen, was die Liebe zum Mitmenschen von uns fordert. Schenke uns die Überzeugung, daß wir es mit dir können, und laß uns die Liebe immer weiter in die Welt tragen!

Heile unsere Trägheit und Unbeweglichkeit, damit wir uns mehr und mit all unseren Kräften einsetzen auf dem Wege der Hingabe.

Laß uns jeden Augenblick über uns hinausgehen, wenn es um den Dienst am Mitmenschen geht. Mach das Unmögliche möglich und verleihe uns durch deine Liebe die Kraft, alles zu erfüllen.

III. Herz voller Huld

Nachsicht und Verzeihung

Herr,
du hättest alle Macht und Mittel, dich zu rächen; aber du gebrauchst sie, um zu verzeihen. Auch bei schreiender Ungerechtigkeit, bei deiner Verurteilung zum Tode, bei Bosheit, Spott und Grausamkeit sprachst du Worte der Verzeihung und hast sie bei deinem himmlischen Vater erfleht.

Möchte unser Herz sich wie das deine verhalten! Gib uns die Kraft, sofort und ohne Einschränkung das uns zugefügte Unrecht zu verzeihen! Unsere Natur ist immer geneigt, Beleidigungen zu erwidern; mach uns fähig, das Aufbegehren unserer Natur zu beherrschen!

Stärke uns in dem Entschluß, zu schweigen, wenn uns ein Wort verletzt oder wenn man uns unrecht tut. Hilf uns den inneren Schmerz großmütig opfern, und dem Menschen, der ihn uns zufügte, nichts nachzutragen!

Lehre uns, ganz liebenswürdig den Menschen gegenüber zu bleiben, die uns verletzt oder beleidigt haben, und sie so zu behandeln, als sei nichts geschehen.

Dann erst wird unsere Liebe edel. Bewahre unser Herz vor allem vor Rachsucht, Empfindlichkeit und Groll.

Hilf uns, die Milde im Herzen zu bewahren, die alles entschuldigt und alles vergißt!

Güte und Zuneigung

Herr,
du hast nicht mit unwiderstehlicher Gewalt in uns eindringen wollen; du wolltest uns in Freiheit, durch deine bezaubernde Güte an dich ziehen. Bei jeder Gelegenheit spürten alle Menschen deine warme Zuneigung, die eine Frucht demütiger Liebe ist, die der Diener aller werden will.

Du hast uns dein Herz geben wollen, ehe du das unsere nahmst. Durch Güte hast du uns für dich gewinnen wollen und erwartest, daß wir uns freiwillig deinem Herzen ergeben.

Flöße uns die Güte ein, die deinem Herzen wesenseigen ist! Lehre uns den Mitmenschen in Güte entgegenzugehen, ihnen mit aufrichtiger Zuneigung zu begegnen, um sie nur durch unsere Liebe für dich zu gewinnen.

Reiße aus in uns, was hart, herrschsüchtig,

rauh, gewinnsüchtig, ungeduldig, stolz oder steif ist!

Gib uns den Blick dafür und das Bedürfnis, allen herzlich und brüderlich zu dienen.

Mach uns zu echten Zeugen deiner nie ermüdenden Güte!

Ehrfurcht und Wohlwollen

Herr,
in deinem Blick enthüllt sich dein Herz. Kein Blick war jemals so durchdringend wie der deine; er allein erfaßt die Tiefe des Menschen.

Aber dein Blick ist ein Blick der Liebe: vertrauend, mitfühlend, verständnisvoll;
ein Blick, der nie verdammt, auch nicht den Schwachen, der bei der Sünde entdeckt wird;
ein Blick, der uns vor dem vernichtenden Urteil der Mitmenschen schützt.

Gib, daß auch unser Blick nie einen Menschen verurteilt; daß wir ihn niemals verdammen oder für schlecht halten; daß jede Bewertung von echter Liebe eingegeben und von entschuldigender Nachsicht geprägt ist.

Gewöhne uns daran, daß wir dem Mitmenschen echte Ehrfurcht und Achtung schenken, auch wenn er Fehler begeht, die wir nicht übersehen können, auch wenn er uns unrecht tut.

Gib, daß wir Ehrfurcht haben vor dem Geheimnis eines jeden Gewissens, daß wir uns damit begnügen, zu glauben und auf die Gnade zu hoffen, die in ihm wirkt.

Laß uns in jedem Menschen den Wert erkennen, den deine Liebe ihm verleiht.

Laß in unserem Blick und Verhalten immer die Güte deines Herzens aufleuchten.

Demut und Lauterkeit

Herr,
bilde in mir das Herz eines Armen, der sein Elend wirklich fühlt und darum seine ganze Hoffnung auf Gott setzt:

Ein lauteres Herz, das sich ganz löst von irdischen Gütern und ehrgeizigen Bestrebungen;

ein demütiges Herz, das wirklich glücklich ist, unbekannt zu sein, im Schatten zu bleiben, ja sogar verachtet und gestoßen zu werden;

ein sanftes Herz, das deine Milde und den Charm deiner Liebe ausstrahlt;

ein offenes Herz, voll Aufnahmebereitschaft für den Mitmenschen und voll Verständnis für seine Not;

ein wohlwollendes Herz, das sich zum Boten deiner Güte und deines Friedens macht;

ein einfaches und frohes Herz, das die Freude in sich bewahrt durch Vertrauen in deine allmächtige Liebe, auch wenn es sein Elend erfährt;

ein schweigendes Herz, das still ist über das Böse und jede Beleidigung verzeiht und vergißt;

ein großmütiges Herz, das sich niemals weigert, in Liebe zu dienen, sondern sich ganz verausgabt;

ein geopfertes Herz, das im Verborgenen Gott alle Prüfungen darbietet für das Heil der Menschheit.

Bereitschaft und Dienst

Herr,
deiner Liebe erschien es nicht unwürdig, als der Diener aller unter uns zu leben.

Du verdienst Anbetung, aber du hast der letze unter uns sein wollen und dich herabgelassen zum äußersten Liebesdienst: Du hast dich in den Augen der Menschen vernichtet durch die Schmach des Kreuzes.

Möge dies Geheimnis deines Herzes unserem Herzen Licht sein. Möge deine unfaßbare Demut alle unsere stolzen Bestrebungen zusammenstürzen lassen. Wir dürsten nach Macht und weichen so rasch jeder Verdemütigung aus.

Zeige uns, wieviel edler es ist, für den Mitmenschen verfügbar zu sein, als über ihn zu verfügen;
ihm demütig zu dienen, als ihm zu befehlen;
ihm Achtung zu erweisen, als für sich selbst Ehrfurcht und Ansehen zu erwarten.

Lehre uns, wie wir uns freimachen können von den Ansprüchen unserer Eigenliebe, so daß wir uns gern erniedrigen, um dem Mitmenschen zu dienen.

Dein Herz lehre uns, für ihn da zu sein, ihm zu dienen in der echten Größe der Liebe, die darin besteht, uns klein und verfügbar zu machen in demütiger Bereitschaft zum Dienst.

IV. Liebesoffenbarung

Vom Vater erfüllt

Herr,
dein Wesen ist mit froher Innigkeit dem Vater zugewandt. Dein Herz wollte wesentlich das Herz eines Sohnes sein, der sich in inniger Liebe ständig dem Vater zuwendet.

Du verlangst danach, deinen Blick in der Anschauung des Vaters zu verlieren. Seine Nähe hast du beglückt im Alter von zwölf Jahren im Tempel erfahren und später in der Einsamkeit der Wüste. Das Beste deiner Person hast du dieser Nähe geweiht: Wie sehr verströmte sich dein Wesen im stillen Gebet zum Vater! Wie glühend verlangtest du danach, in deinem öffentlichen Leben alles für ihn zu tun, alles nach seinem Willen zu erfüllen! Du begegnetest ihm überall in der Natur und in den Menschen, du folgtest seinem Willen bis in den Tod und legtest schließlich deinen Geist in seine Hände!

Teile mit uns dieses Erfülltsein vom Vater, das dein Herz besaß. Richte unser Erkennen und Wollen auf den Vater. Laß unser Denken, Beten und alles, was wir tun zu seiner Ehre, aufsteigen zu ihm!

Schenke uns Freude daran, seine Nähe zu suchen, die Freude, ihn überall zu finden: in allem, was uns umgibt und aus seiner Güte uns zufließt.

Lehre uns vor allem, uns ganz und gar ihm zu überlassen, und bilde in uns ein Herz, das fähig ist, ihn zu lieben, wie ein Kind den Vater liebt!

Echo des Erbarmens

Herr,
laß uns in der Liebe, die du so überströmend den Menschen erwiesen hast, eine Offenbarung der Liebe des himmlischen Vaters erkennen.

Du selbst hast gesagt, daß du deine Lehre vom Vater empfangen hast und daß deine Wunder seine Werke sind. Hilf uns, daß wir in der Erhabenheit deiner Lehre die Gedanken des Vaters erkennen, die Licht sind und erleuchten; daß deine Wundertaten die unaussprechliche Vatergüte ausstrahlen, die sich in einem Strom von Wohltun über die Menschheit ergießen will.

Die Sorge um deine Jünger und das Erbarmen, das du den Sündern erwiesen hast, soll für uns das Echo der erbarmenden, sorgenden Güte des Vaters sein.

Du hast dich so hochherzig für uns geopfert; laß uns darin die große Liebe des

Vaterherzens erkennen, das beschlossen hatte, den Sohn für das Glück aller, die ihn beleidigt hatten, hinzugeben.

Wenn wir dem Vater in deinen Worten, in deinem Tun und in deinen Empfindungen begegnen, dann laß uns in deinem Innern die Quelle entdecken, der deine Liebe entspringt.

Vereinige uns mit dem Herzen des Vaters in der gleichen Liebe, die uns mit deinem Herzen verbindet.

Innige Mutterliebe

Herr,
lehre uns, deine Mutter zu lieben, wie du sie geliebt hast.

In diese Liebe hast du die ganze Liebe deines Kinderherzens gelegt. Und als du zum Mann herangewachsen warst, liebtest du sie immer noch kindlich, wenn auch reifer und männlich, so doch nicht weniger innig.

Du liebtest Maria nicht nur als deine Mutter, sondern viel mehr noch als die Frau, die den Willen des himmlischen Vaters aufs vollkommenste mit lauterer Hingabe erfüllte und ohne jeden Rückhalt.

Möge die liebende Begeisterung deines Herzens uns mitreißen!

Hilf uns, Maria zu lieben mit der unbeschwerten Liebe eines Kinderherzens und der wohlbedachten Bewunderung eines reifen Menschen.

Du hast sie uns zur Mutter gegeben; binde uns an sie in zarter Liebe!

Laß auch uns die Vertrautheit des Lebens mit ihr wie in Nazaret erleben!

Du hast Maria eine große Aufgabe im Heilswerk anvertraut; flöße uns echte Verehrung für sie ein und entfalte unser geistliches Leben im Schutz ihrer Mütterlichkeit.

Führe uns tief ein in das Geheimnis deiner jungfräulichen Mutter, damit wir ihr immer ähnlicher werden!

Großmut und Hochherzigkeit

Herr,
du bist niemals vor dem Opfer zurückgewichen. Dein Herz wurde weit vor der Größe des Vaters und vor der unabsehbaren Schar der Menschen, denen es gut sein sollte.

Vermehre unsere Großmut! Wir neigen immer dazu, uns der Ganzhingabe zu entziehen.

Zerreiße die Fesseln, mit denen Kleinmut unsere Liebe erdrosseln will.

Wenn unsere persönlichen Interessen uns in Anspruch nehmen oder kleine Schwierigkeiten uns niederdrücken, mach uns bewußt, wie groß der Vater ist und wie wichtig das Heil der Menschen.

Mache uns hochherzig, wie du es bist, damit unser Herz nicht mehr kleinlich rechnet und in seiner Enge gefangen bleibt, sondern daß wir auf den unendlichen Gott schauen, den wir lieben und dem wir dienen sollen.

Mach, daß das ewige Schicksal der Menschen unsere Sorge werde.

Nimm von uns alle Mittelmäßigkeit, alle Verstiegenheit und selbstsüchtigen Bedenken. Mach uns immer großmütiger und eifriger.

Mut zum Kampf

Herr,
du warst zartfühlend, aber nicht weniger stark. Wir dürfen uns nicht vorstellen, du seiest weichlich, schlaff und willenlos gewesen. Für den Kampf mit deinen Feinden brauchtest du Heldenmut, um sie zu besiegen. Stets hast du mit dem nie versagenden Mut der Liebe gekämpft, die unbesiegbar ist.

Du hast auch uns zu diesem Kampf verpflichtet; auch wir brauchen Heroismus, um unsere Pflicht gut zu erfüllen und den Versuchungen zu widerstehen. Stütze uns in unserer Schwachheit durch dein entschiedenes und starkes Herz!

Hilf uns durchhalten in den Stürmen des Lebens; hilf uns siegen im Kampf um das Gute. Bewahre uns unnachgiebig treu in den Verführungen des Bösen. Stärke unsere Schwachheit durch deine göttliche Kraft.

Mache uns mutiger, aber bewahre uns dem Mitmenschen gegenüber vor jedem Zwang. Schenke uns den Heldenmut der Milde. Gib uns nie versagende, geduldige Güte. Lehre uns siegen, wie du gesiegt hast: Durch die Liebe.

Kraft im Leiden

Herr,
lehre uns verstehen, worin das wahre Opfer des Herzens besteht!

Du hast die Schmach des Kreuzes auf dich genommen und während deines Lebens zahllose Mühen und Schmerzen ertragen. In all diesen Leiden hast du dem Vater dein Herz dargeboten. In allen Prüfungen gabst du dich ihm immer wieder hin.

Du hast ihm vor allem die Qual deiner inneren Leiden geschenkt: Gleichgültigkeit, Undankbarkeit, Haß und Widerspruch deiner Gegner, ihren bösen Spott und alles, was dich kränkte und beleidigte. Du warst glücklich darüber, so in deinem Gemüt leiden zu können, um alles rückhaltlos zu geben.

Wir begnügen uns leicht mit wenigen äußeren Opfern und weichen zurück vor dem inneren, radikalen Verzicht. Gib uns Kraft, dem Vater immer vor allem die inneren Leiden zu opfern! Laß nicht zu, daß sich unsere

Eigenliebe bei Demütigungen und Beleidigungen auflehnt! Gib vielmehr, daß wir darin einwilligen, alles zu verlieren, wie du alles verloren hast, und zwar mit großmütigem Herzen.

Wir möchten uns über jede Prüfung freuen, weil wir dann Gott noch hochherziger lieben können.

V. Voll Erbarmen

Teilhabe am Sühneleiden

Herr,
du hast innerlich so sehr gelitten, weil du uns offenbaren wolltest, wie sehr Gott beleidigt wird. Du wolltest uns aber auch zeigen, wie schön es ist, dem Vater dafür besondere Freude zu machen.

Du hast es durch dein Sühneleiden für die Menschheit getan; laß uns teilhaben an deiner großmütigen Hingabe an den Vater, an deinem Leben und deinem Herzen, das uns wieder mit Gott versöhnt hat.

Verpflichte uns deinem großen Erlösungswerk, und gib, daß wir nicht zögern, in allen Leiden das Beste unseres Wesens dem Vater darzubringen, wie du es getan hast.

Wir wollen dem Vater gern Opfer darbringen, um unsere eigenen Sünden zu sühnen; sie sollen aber auch am Aufbau der christlichen Gemeinschaft helfen und einen Strom göttlicher Gnade auf die Welt herabfließen lassen.

Wiedergutmachung

Herr,
für unsere zahllosen Sünden und die Sünden der ganzen Welt bieten wir dir unsere Sühne an:

Für den Haß, mit dem man dich und deine Kirche verfolgt, geloben wir dir und deiner heiligen katholischen Kirche unbedingte Treue.

Für die Gleichgültigkeit derer, die gefühllos bleiben bei all deiner Güte, bieten wir dir unseren guten Willen an, all deinen Anregungen zu entsprechen.

Um die Verachtung und die Übertretung deiner Gebote gutzumachen, bieten wir dir unsere Bereitschaft an, in allem deinen Willen zu erfüllen.

Um die Feigheit deinen Forderungen gegenüber zu sühnen, bieten wir dir unseren Willen dar, auch deinen kleinsten Wünschen nachzukommen.

Um alles Unrecht und alles Ärgernis dem Mitmenschen gegenüber gutzumachen, wollen wir gutes Beispiel geben und uns um eine Nächstenliebe mühen, die der deinen ähnlich ist.

Um Mutlosigkeit und Hoffnungslosigkeit gutzumachen, wollen wir dir grenzenloses Vertrauen in deine Liebe schenken.

Für den Undank so vieler Menschen, die du mit Wohltaten überhäufst, bringen wir dir als Dank die Hingabe unseres Lebens.

Um den Schmerz deines Herzens zu lindern, opfern wir uns dir ganz.

Aber wir bitten dich, vollziehe du selbst diese Hingabe in uns, damit sie wirklich zur Freude deines Herzens werde!

Erbarmen für die Sünder

Herr,
du kamst in die Welt, um sie zu erlösen. Darum ist dein Herz voll Erbarmen für die Sünder. Ausdrücklich hast du es abgelehnt, sie zu verurteilen; du hast vielmehr in ihnen Wunden gesehen, die gepflegt, Blindheit, die erleuchtet, eine Lähmung, die geheilt und Ketten, die gelöst werden mußten.

Auch wir leiden an dieser Schwachheit, Blindheit und Starrheit; auch wir tragen Fesseln, die uns hindern zu dir; aber wir vertrauen dir unser ganzes Elend an und kommen zu dir als zu dem, der uns heilt.

Du erbarmst dich nicht nur aus Mitleid für unsere moralische Not; du schenkst Läuterungskraft, die uns ganz heil macht. Laß dein Erbarmen eindringen in das innerste unseres Wesens. Nimm uns hinein in deine Heiligkeit, damit sie die Wurzel unserer Sünden zerstört.

Schaffe in uns neue Kraft, damit wir unsere Schwachheit überwinden. Deine Verzeihung wandle uns um und erneuere unser ganzes Wesen.

Durchbohrtes Herz

Herr,
der Lanzenstich ist schrecklich, aber er ist schön. Er ist schrecklich, obwohl er dir keinerlei Schmerz mehr zufügen kann; er sucht, was nach deinem Sterben noch an Leben in dir ist.

Er ist schön, weil er uns dein Herz enthüllt und alles, was du für uns hingegeben hast: den letzten Tropfen deines Blutes. Er offenbart die Schönheit der Liebe, die im Opfer nichts zurückhält.

Die weitklaffende Wunde deines Herzens läßt uns die Flut der Gnaden ahnen, die ihm entströmt.

Herr Jesus, du hast durch diese Wunde den göttlichen Segen deiner Hingabe über uns strömen lassen; gib, daß wir uns ihm bereitwillig öffnen, damit dein Opfer nicht nutzlos ist und dein Herz nicht vergebens mit der Lanze durchbohrt wurde.

Wenn wir versucht werden, deiner Gnade zu widerstehen, um unsere Eigenliebe zu befriedigen, dann wecke in uns die Erinnerung an dein durchbohrtes Herz.

Laß uns in deinem geöffneten Herzen die Liebe erkennen, die alle Hindernisse überwand, um uns in Besitz zu nehmen, uns zu überfluten und in einem unwiderstehlichen Strom der Liebe mitzureißen.

Allumfassendes Herz

Herr,
du willst mit deiner Liebe die ganze Menschheit umfangen und sie zu einer Gemeinschaft bilden, deren Mittelpunkt du bist.

Gib auch uns ein so umfassendes Herz, das allen Menschen offensteht und von Liebe zu jedem einzelnen geleitet wird.

Flöße uns ein immer größeres Verlangen nach der Einheit der Menschen ein, die nur durch das Band deiner Liebe zusammengefaßt wird.

Schenke uns Übereinstimmung mit den Menschen, die von uns verschieden sind; gib verständnisvolles Eingehen auf Auffassungen und Kulturen, die uns fremd sind.

Hilf uns, Beweggründe für gutes Einvernehmen zu suchen; bewahre uns vor übertriebenem Individualismus und Nationalismus. Mach uns bereit zu den Opfern, die diese Einheit verlangt!

Laß uns in deinem Herzen die Quelle finden für echten Gemeinschaftsgeist, die Seelengröße, die am Glück der Menschheit mitwirken will, den hochherzigen Willen, alles auszuräumen, was die Menschen trennt, und alles in Bewegung zu setzen, was sie eint.

VI. Alles einende Liebe

Voll Eifer

Herr,
hilf uns, die Menschen grenzenlos zu lieben, ohne jemanden auszuschließen.
Du hast dein Leben für jeden geopfert und alle so geliebt, daß du dein Blut für sie vergossen hast. Laß uns verstehen, daß auch wir uns im Apostolat ganz verausgaben müssen.

Möchten wir uns vor allem nie zufriedengeben mit dem Mindesten, sei es aus Sorglosigkeit oder tiefer Enttäuschung. Laß uns verstehen, daß wir unsere apostolischen Anstrengungen nicht aufgeben dürfen, daß wir nicht entmutigt werden dürfen durch Widerstand oder Mißerfolg.

Behüte uns davor, jemals zu den Zufriedenen zu gehören, die den Notruf der Mitmenschen nicht hören oder untätig bleiben.

Mach uns im Apostolat unermüdlich, wie du unermüdlich gewesen bist. Lehre uns, immer wieder mit mehr Hochherzigkeit neu anzufangen in stets größerer Hingabe.

Laß uns frohen Mutes Opfer bringen, die das Apostolat von uns verlangt; wir wissen, daß unsere Anstrengungen durch dich fruchtbar werden.

Laß uns mit Vertrauen vorangehen.

Möge unsere Sendung, viele Menschen dich kennen und lieben zu lehren, uns ganz verzehren.

Fülle der Freude

Herr,
du hast gelitten, um uns glücklich zu machen, damit unsere Freude vollkommen sei. Als dein Herz sich hingab, wollte es unser ewiges Glück.

Laß uns erkennen, welchen Wert diese Gabe der Freude hat, und sie tief in uns aufnehmen, da du sie mit deinem Leben bezahlt hast.

Mach uns zu Menschen der inneren Freude und laß sie uns in deinem Herzen immer finden.

Gib uns durch die ständige Erinnerung an deine Liebe die Gnade der Freude und mehre sie mehr und mehr durch deine Güte.

Bewahre unsere Freude auch in Schwierigkeiten und Prüfungen, indem du deine göttliche Freude in unser Opfer einströmen läßt.

Laß nicht zu, daß wir der Traurigkeit nachgeben, so als habe deine Liebe unsere Gegner nicht besiegt, als ob dein Herz unfähig wäre, uns zu trösten!

Laß uns in deinem liebenden Nahesein die Quelle der Freude finden, die alle Müdigkeit und Not überwindet.

Mach uns überströmend von deiner sieghaften Freude, damit sie auf unsere Mitmenschen ausstrahlen kann.

Unser Friede

Herr,
gib uns den Frieden deines Herzens, indem du unser Herz ganz friedvoll machst.

Gib Frieden unserem Verstand durch dein Licht, und festige ihn durch deine Nähe und Treue.

Gib Frieden unserem Willen, indem du ihn ganz willig machtst.

Gib Frieden durch den Glauben an deine nie versagende Hilfe, in dem wir uns ganz deiner milden Güte überlassen.

Gib Frieden durch deine Verzeihung, wenn wir fehlen, den Frieden deines liebenden Verstehens, das uns immer sicher ist.

Gib uns den Frieden deiner Einheit, die unter uns wohnt, und schaffe durch uns Einigkeit und Versöhnung.

Gib Frieden durch deine Kraft, die uns immer zur Verfügung steht, den Frieden deines Sieges über die Macht des Bösen.

Gib uns den Frieden der steten Vertrautheit mit dir, den Frieden deines Wortes und deines Schweigens.

Gib uns den Frieden, weil wir dir gehören, den Frieden, in dir zu leben und zu sterben.

Gib uns nie endenden Frieden in den Kämpfen hienieden und danach in der Ruhe des Himmels.

Dankbarkeit

Herr,
ich danke dir für so viel Liebe. Ich danke dir für dein Herz und dafür, daß du es uns geschenkt hast.

Ich danke dir für die Liebe, die du während unseres Lebens verströmt hast in lauter Taten der Liebe. Und für den Heroismus, mit dem du dich hingegeben hast für unser Glück.

Ich danke dir für die Liebe, die du uns so verschwenderisch zuteil werden läßt, und für alle Gnaden, mit denen du uns überhäufst. Für dein unaufhörliches Mühen, uns mit deinem Leben zu erfüllen.

Ich danke dir für die Treue deiner Liebe, die sich durch unsere Untreue nicht entmutigen läßt, sondern sich immer wieder erneuert.

Ich danke dir für die schöne Zukunft, die du uns bereitest, für die Vertrautheit deiner Liebe, für den Himmel, der uns erwartet.

Inhaltsübersicht

I. Ewiges Herz
Geöffnetes Herz Jesu 5
Offenbarung der Liebe 6
Mitte unseres Lebens 8
Rückhaltlose Hingabe 10
Nimm mich! 12
Frohe Nachfolge 15
Ermunterndes Beispiel 16
Vollkomemne Freundschaft 18

II. Strahlende Mitte
Vertraute Nähe 20
Guter Hirt 22
Unentbehrliche Hilfe 24
Allmächtige Liebe 26
Nie versagende Treue 28
Unerschöpfliche Liebe 30

III. Herz voller Huld
Nachsicht und Verzeihung 32
Güte und Zuneigung 34
Ehrfurcht und Wohlwollen 36
Demut und Lauterkeit 38
Bereitschaft und Dienst 40

IV. Liebesoffenbarung

Vom Vater erfüllt 42
Echo des Erbarmens 44
Innige Mutterliebe 46
Großmut und Hochherzigkeit 48
Mut zum Kampf 50
Kraft im Leiden 52

V. Voll Erbarmen

Teilhabe am Sühneleiden 54
Wiedergutmachung 56
Erbarmen für die Sünder 58
Durchbohrtes Herz 59
Allumfassendes Herz 61

VI. Alles einende Liebe

Voll Eifer 63
Fülle der Freude 65
Unser Friede 67
Dankbarkeit 69

In der gleichen Ausstattung
sind im Johannes-Verlag Leutesdorf erschienen:

Gottes Nähe Gebete
1983. 9. Auflage. 80 Seiten

Zum Heiligen Geist Gebete
1983. 8. Auflage. 80 Seiten

Den Glauben beten
1986. 5. Auflage. 72 Seiten

Apostolisch Gebetsanregungen
1984. 3. Auflage. 72 Seiten

Christliche Grundwahrheiten
1984. 3. Auflage. 72 Seiten

In Hoffnung leben
1979. 3. Auflage. 90 Seiten

Geborgen
1980. 4. Auflage. 80 Seiten

Unser Vater
1982. 3. Auflage. 80 Seiten

Verlangen
1976. 2. Auflage. 80 Seiten

Zum Herzen Jesu Gebete
1986. 9. Auflage. 72 Seiten

Jesus Christus Gebete
1983. 3. Auflage. 72 Seiten

Vertrauen
1980. 5. Auflage. 88 Seiten

Über die Liebe
1985. 8. Auflage. 88 Seiten

Für die Welt Fürbittgebete
1975. 3. Auflage. 80 Seiten

Maria
1984. 6. Auflage. 100 Seiten

Stets DIR zugewandt
1983. 2. Auflage. 72 Seiten

Ein Armer betet
1976. 72 Seiten

Friede
1977. 72 Seiten

Ja Besinnliches Beten
1979. 56 Seiten

Leben im Licht
1975. 56 Seiten

Beten und Charisma
1976. 64 Seiten

Mit offenen Armen
1977. 64 Seiten

Danke
1985. 2. Auflage. 56 Seiten

Beten, um zu lieben
1979. 72 Seiten

Du rufst — ich antworte
1979. 72 Seiten

Mein Tag
1986. 2. Auflage. 44 Seiten.

Von deinem Wort ergriffen
1983. 40 Seiten

Im Antlitz deiner Liebe
1983. 40 Seiten

Hab Mut!
1983. 40 Seiten.

Vierundzwanzig Stunden
1984. 40 Seiten

Der Augenblick
1984. 40 Seiten

Auf Treu und Glauben
1985. 48 Seiten

Sei getrost...
1985. 48 Seiten

Herr, hilf!
1985. 48 Seiten

Zärtliches Du
1985. 48 Seiten

Zu beziehen durch die *KSM*
Katholische Schriften-Mission, D-5458 Leutesdorf